TRANZLATY

La Langue est pour tout le Monde

언어는 모든 사람을 위한 것입니다

La Belle et la Bête

미녀와 야수

Gabrielle-Suzanne Barbot de Villeneuve

Français / 한국어

Copyright © 2025 Tranzlaty
All rights reserved
Published by Tranzlaty
ISBN: 978-1-80572-051-5
Original text by Gabrielle-Suzanne Barbot de Villeneuve
La Belle et la Bête
First published in French in 1740
Taken from The Blue Fairy Book (Andrew Lang)
Illustration by Walter Crane
www.tranzlaty.com

Il était une fois un riche marchand
옛날에 부유한 상인이 있었습니다.
ce riche marchand avait six enfants
이 부유한 상인은 여섯 명의 자녀를 두었습니다.
il avait trois fils et trois filles
그는 아들 셋과 딸 셋을 두었다
il n'a épargné aucun coût pour leur éducation
그는 그들의 교육을 위해 아무런 비용도 아끼지 않았습니다.
parce qu'il était un homme sensé
그는 상식이 있는 사람이었기 때문이다
mais il a donné à ses enfants de nombreux serviteurs
그러나 그는 그의 자녀들에게 많은 종들을 주었고
ses filles étaient extrêmement jolies
그의 딸들은 매우 예뻤다
et sa plus jeune fille était particulièrement jolie
그리고 그의 막내딸은 특히 예뻤어요
Déjà enfant, sa beauté était admirée
어린 시절부터 그녀의 아름다움은 이미 존경을 받았다
et les gens l'appelaient à cause de sa beauté
사람들은 그녀의 아름다움 때문에 그녀를 불렀다
sa beauté ne s'est pas estompée avec l'âge
그녀의 아름다움은 나이가 들면서 사라지지 않았다
alors les gens ont continué à l'appeler par sa beauté
그래서 사람들은 그녀를 계속 그녀의 아름다움 때문에 불렀습니다.
cela a rendu ses sœurs très jalouses
이것은 그녀의 자매들을 매우 질투하게 만들었다
les deux filles aînées avaient beaucoup de fierté
두 큰딸은 매우 자랑스러워했습니다
leur richesse était la source de leur fierté
그들의 부는 그들의 자존심의 원천이었습니다
et ils n'ont pas caché leur fierté non plus
그리고 그들은 그들의 자존심도 숨기지 않았다
ils n'ont pas rendu visite aux filles d'autres marchands

그들은 다른 상인의 딸들을 방문하지 않았다
parce qu'ils ne rencontrent que l'aristocratie
그들은 귀족층만 만나기 때문이다
ils sortaient tous les jours pour faire la fête
그들은 매일 파티에 나갔다
bals, pièces de théâtre, concerts, etc.
무도회, 연극, 콘서트 등
et ils se moquèrent de leur plus jeune sœur
그리고 그들은 가장 어린 여동생을 비웃었다
parce qu'elle passait la plupart de son temps à lire
그녀는 대부분의 시간을 독서에 보냈기 때문에
il était bien connu qu'ils étaient riches
그들이 부유하다는 것은 잘 알려져 있었다
alors plusieurs marchands éminents ont demandé leur main
그래서 몇몇 저명한 상인들이 그들의 손을 요청했습니다.
mais ils ont dit qu'ils n'allaient pas se marier
그런데 그 사람들은 결혼 안 할 거라고 했어
mais ils étaient prêts à faire quelques exceptions
하지만 그들은 몇 가지 예외를 만들 준비가 되어 있었습니다.
« Peut-être que je pourrais épouser un duc »
"아마도 공작과 결혼할 수도 있을 거야"
« Je suppose que je pourrais épouser un comte »
"내가 백작과 결혼할 수도 있겠다"
Belle a remercié très civilement ceux qui lui ont proposé
미인은 그녀에게 청혼한 사람들에게 매우 정중하게 감사를 표했다
elle leur a dit qu'elle était encore trop jeune pour se marier
그녀는 그들에게 결혼하기에는 아직 너무 어리다고 말했다
elle voulait rester quelques années de plus avec son père
그녀는 그녀의 아버지와 몇 년 더 머물고 싶어했습니다
Tout d'un coup, le marchand a perdu sa fortune
상인은 갑자기 재산을 잃었다

il a tout perdu sauf une petite maison de campagne
그는 작은 시골집 외에는 모든 것을 잃었습니다.
et il dit à ses enfants, les larmes aux yeux :
그리고 그는 눈물을 흘리며 자녀들에게 이렇게 말했습니다.
« il faut aller à la campagne »
"우리는 시골로 가야 해요"
« et nous devons travailler pour gagner notre vie »
"그리고 우리는 우리의 삶을 위해 일해야 합니다"
les deux filles aînées ne voulaient pas quitter la ville
두 큰딸은 마을을 떠나고 싶어하지 않았다
ils avaient plusieurs amants dans la ville
그들은 도시에 여러 연인이 있었습니다
et ils étaient sûrs que l'un de leurs amants les épouserait
그리고 그들은 그들의 연인 중 한 명이 그들과 결혼할 것이라고 확신했습니다.
ils pensaient que leurs amants les épouseraient même sans fortune
그들은 재산이 없어도 연인이 자기들과 결혼할 거라고 생각했다
mais les bonnes dames se sont trompées
하지만 착한 여자들은 착각했어요
leurs amants les ont abandonnés très vite
그들의 연인들은 매우 빨리 그들을 버렸다
parce qu'ils n'avaient plus de fortune
그들은 더 이상 재산이 없었기 때문이다
cela a montré qu'ils n'étaient pas vraiment appréciés
이것은 그들이 실제로 별로 좋아하지 않는다는 것을 보여주었습니다.
tout le monde a dit qu'ils ne méritaient pas d'être plaints
다들 자기들은 불쌍히 여김받을 자격이 없다고 하더라
« Nous sommes heureux de voir leur fierté humiliée »
"우리는 그들의 자존심이 낮아진 것을 보고 기쁩니다"
« Qu'ils soient fiers de traire les vaches »
"그들이 젖소 짜는 것을 자랑스러워하게 하라"

mais ils étaient préoccupés par Belle
하지만 그들은 아름다움에 관심이 있었습니다
elle était une créature si douce
그녀는 정말 달콤한 존재였어
elle parlait si gentiment aux pauvres
그녀는 가난한 사람들에게 매우 친절하게 말했습니다
et elle était d'une nature si innocente
그녀는 정말 순진한 성격이었어
Plusieurs messieurs l'auraient épousée
여러 신사들이 그녀와 결혼했을 것입니다.
ils l'auraient épousée même si elle était pauvre
그녀는 가난했어도 결혼했을 거야
mais elle leur a dit qu'elle ne pouvait pas les épouser
하지만 그녀는 그들에게 결혼할 수 없다고 말했습니다.
parce qu'elle ne voulait pas quitter son père
그녀는 아버지를 떠나지 않았기 때문에
elle était déterminée à l'accompagner à la campagne
그녀는 그와 함께 시골로 가기로 결심했다
afin qu'elle puisse le réconforter et l'aider
그녀가 그를 위로하고 도울 수 있도록
pauvre Belle était très affligée au début
불쌍한 미인은 처음에는 매우 슬퍼했습니다.
elle était attristée par la perte de sa fortune
그녀는 재산을 잃은 것에 슬퍼했다
"Mais pleurer ne changera pas mon destin"
"하지만 울어도 내 운명은 바뀌지 않아"
« Je dois essayer de me rendre heureux sans richesse »
"나는 부 없이도 행복해지려고 노력해야 한다"
ils sont venus dans leur maison de campagne
그들은 그들의 시골집에 왔다
et le marchand et ses trois fils s'appliquèrent à l'agriculture
그리고 상인과 그의 세 아들은 농사에 전념했습니다.
Belle s'est levée à quatre heures du matin
아름다움은 아침 4시에 일어났다
et elle s'est dépêchée de nettoyer la maison

그리고 그녀는 서둘러 집을 청소했다
et elle s'est assurée que le dîner était prêt
그리고 그녀는 저녁이 준비되었는지 확인했습니다
au début, elle a trouvé sa nouvelle vie très difficile
처음에 그녀는 새로운 삶이 매우 어렵다는 것을
알았습니다.
parce qu'elle n'était pas habituée à un tel travail
그녀는 그런 일에 익숙하지 않았기 때문이다
mais en moins de deux mois elle est devenue plus forte
하지만 두 달도 채 안 되어 그녀는 더 강해졌습니다.
et elle était en meilleure santé que jamais auparavant
그리고 그녀는 그 어느 때보다 더 건강했습니다
après avoir fait son travail, elle a lu
그녀는 일을 마친 후에 책을 읽었습니다.
elle jouait du clavecin
그녀는 하프시코드를 연주했다
ou elle chantait en filant de la soie
아니면 그녀는 실크를 뽑는 동안 노래를 불렀습니다.
au contraire, ses deux sœurs ne savaient pas comment passer leur temps
오히려 그녀의 두 자매는 시간을 어떻게 보내야 할지
몰랐다.
ils se sont levés à dix heures et n'ont rien fait d'autre que paresser toute la journée
그들은 열시에 일어나서 하루종일 게으름 피우며
아무것도 하지 않았습니다.
ils ont déploré la perte de leurs beaux vêtements
그들은 좋은 옷을 잃은 것을 한탄했습니다.
et ils se sont plaints d'avoir perdu leurs connaissances
그리고 그들은 지인을 잃었다고 불평했습니다.
« Regardez notre plus jeune sœur », se dirent-ils.
"우리 막내 여동생 좀 봐" 그들은 서로에게 말했다.
"Quelle pauvre et stupide créature elle est"
"그녀는 얼마나 불쌍하고 멍청한 존재인가"
"C'est mesquin de se contenter de si peu"

"그렇게 적은 것에 만족하는 것은 비열한 짓이다"
le gentil marchand était d'un avis tout à fait différent
친절한 상인은 전혀 다른 의견을 가지고 있었습니다.
il savait très bien que Belle éclipsait ses sœurs
그는 그녀의 아름다움이 자매들보다 더 뛰어나다는 것을 잘 알고 있었습니다.
elle les a surpassés en caractère ainsi qu'en esprit
그녀는 성격과 정신력 면에서 그들을 능가했습니다.
il admirait son humilité et son travail acharné
그는 그녀의 겸손함과 그녀의 노고에 감탄했다
mais il admirait surtout sa patience
하지만 무엇보다도 그는 그녀의 인내심에 감탄했습니다.
ses sœurs lui ont laissé tout le travail à faire
그녀의 자매들은 그녀에게 모든 일을 맡겼다
et ils l'insultaient à chaque instant
그리고 그들은 그녀를 매 순간 모욕했습니다
La famille vivait ainsi depuis environ un an.
이 가족은 이렇게 1년 정도 살았다
puis le commerçant a reçu une lettre d'un comptable
그러자 상인은 회계사로부터 편지를 받았다.
il avait un investissement dans un navire
그는 배에 투자를 했다
et le navire était arrivé sain et sauf
그리고 배는 무사히 도착했습니다
Cette nouvelle a fait tourner les têtes des deux filles aînées
은 두 큰 딸의 관심을 끌었다.
ils ont immédiatement eu l'espoir de revenir en ville
그들은 즉시 마을로 돌아갈 수 있기를 바랐다
parce qu'ils étaient assez fatigués de la vie à la campagne
그들은 시골 생활에 꽤 지쳐 있었기 때문이다
ils sont allés vers leur père alors qu'il partait
그들은 아버지가 떠나는 것을 보고 그에게로 갔다.
ils l'ont supplié de leur acheter de nouveaux vêtements
그들은 그에게 새 옷을 사달라고 간청했다
des robes, des rubans et toutes sortes de petites choses

드레스, 리본, 그리고 온갖 작은 것들
mais Belle n'a rien demandé
하지만 아름다움은 아무것도 요구하지 않는다
parce qu'elle pensait que l'argent ne serait pas suffisant
그녀는 돈이 충분하지 않을 것이라고 생각했기 때문이다
il n'y aurait pas assez pour acheter tout ce que ses sœurs voulaient
그녀의 자매들이 원하는 모든 것을 살 만큼 충분하지 않을 것이다
"Que veux-tu, ma belle ?" demanda son père
"아가씨, 뭐 드시겠어요?" 그녀의 아버지가 물었습니다.
« Merci, père, pour la bonté de penser à moi », dit-elle
"아버지, 저를 생각해 주셔서 감사합니다." 그녀가 말했다.
« Père, ayez la gentillesse de m'apporter une rose »
"아버지, 장미 한 송이 가져다 주세요"
"parce qu'aucune rose ne pousse ici dans le jardin"
"이 정원에는 장미가 자라지 않으니까요"
"et les roses sont une sorte de rareté"
"그리고 장미는 일종의 희귀종이에요"
Belle ne se souciait pas vraiment des roses
미인은 장미를 별로 좋아하지 않았다
elle a juste demandé quelque chose pour ne pas condamner ses sœurs
그녀는 단지 그녀의 자매들을 비난하지 않기 위해 무언가를 요청했을 뿐입니다.
mais ses sœurs pensaient qu'elle avait demandé des roses pour d'autres raisons
하지만 그녀의 자매들은 그녀가 다른 이유로 장미를 요청했다고 생각했습니다.
"Elle l'a fait juste pour avoir l'air particulière"
"그녀는 특별하게 보이기 위해 그렇게 했을 뿐이야"
L'homme gentil est parti en voyage
친절한 남자는 여행을 떠났다
mais quand il est arrivé, ils se sont disputés à propos de la

marchandise
그러나 그가 도착했을 때 그들은 상품에 대해 논쟁했습니다.
et après beaucoup d'ennuis, il est revenu aussi pauvre qu'avant
그리고 많은 고생 끝에 그는 예전처럼 가난하게 돌아왔다
il était à quelques heures de sa propre maison
그는 자신의 집에서 몇 시간 거리에 있었습니다.
et il imaginait déjà la joie de revoir ses enfants
그리고 그는 이미 그의 아이들을 보는 기쁨을 상상했습니다
mais en traversant la forêt, il s'est perdu
하지만 숲을 지나가다가 길을 잃었어요
il a plu et neigé terriblement
비가 내리고 눈이 엄청 내렸다
le vent était si fort qu'il l'a fait tomber de son cheval
바람이 너무 강해서 그는 말에서 떨어졌다.
et la nuit arrivait rapidement
그리고 밤이 빨리 다가왔다
il a commencé à penser qu'il pourrait mourir de faim
그는 굶어죽을지도 모른다는 생각이 들기 시작했다
et il pensait qu'il pourrait mourir de froid
그리고 그는 자신이 얼어죽을지도 모른다고 생각했습니다.
et il pensait que les loups pourraient le manger
그리고 그는 늑대가 자신을 먹을지도 모른다고 생각했습니다.
les loups qu'il entendait hurler tout autour de lui
그가 주변에서 울부짖는 늑대들의 소리를 들었다
mais tout à coup il a vu une lumière
그런데 갑자기 그는 빛을 보았습니다.
il a vu la lumière au loin à travers les arbres
그는 나무 사이로 멀리서 빛을 보았다
quand il s'est approché, il a vu que la lumière était un palais

그가 가까이 다가갔을 때 그는 빛이 궁전인 것을
보았습니다.
le palais était illuminé de haut en bas
궁전은 위에서 아래까지 밝았다
le marchand a remercié Dieu pour sa chance
상인은 자신의 행운에 대해 신에게 감사했습니다.
et il se précipita vers le palais
그리고 그는 궁전으로 서둘러 갔다
mais il fut surpris de ne voir personne dans le palais
그러나 그는 궁전에 사람이 하나도 없는 것을 보고
놀랐다.
la cour était complètement vide
안뜰은 완전히 비어 있었다
et il n'y avait aucun signe de vie nulle part
그리고 어디에도 생명의 흔적이 없었다
son cheval le suivit dans le palais
그의 말은 그를 따라 궁전으로 들어갔다
et puis son cheval a trouvé une grande écurie
그리고 그의 말은 큰 마구간을 발견했습니다.
le pauvre animal était presque affamé
불쌍한 동물은 거의 굶주렸습니다
alors son cheval est allé chercher du foin et de l'avoine
그래서 그의 말은 건초와 귀리를 찾으러 들어갔다
Heureusement, il a trouvé beaucoup à manger
다행히 그는 먹을 것이 많이 있었다
et le marchand attacha son cheval à la mangeoire
그리고 상인은 그의 말을 구유에 묶어두었습니다.
En marchant vers la maison, il n'a vu personne
그는 집으로 걸어갔지만 아무도 보이지 않았다.
mais dans une grande salle il trouva un bon feu
그러나 그는 큰 홀에서 좋은 불을 발견했습니다.
et il a trouvé une table dressée pour une personne
그리고 그는 한 사람을 위한 테이블을 찾았습니다.
il était mouillé par la pluie et la neige
그는 비와 눈에 젖어 있었다

alors il s'est approché du feu pour se sécher
그래서 그는 몸을 말리기 위해 불 가까이로 갔다
« J'espère que le maître de maison m'excusera »
"집주인께서 저를 용서해 주시기를 바랍니다"
« Je suppose qu'il ne faudra pas longtemps pour que quelqu'un apparaisse »
"누군가 나타날 때까지 시간이 오래 걸리지 않을 것 같아요"
Il a attendu un temps considérable
그는 상당한 시간을 기다렸다
il a attendu jusqu'à ce que onze heures sonnent, et toujours personne n'est venu
그는 열한 시가 될 때까지 기다렸지만 여전히 아무도 오지 않았습니다.
enfin, il avait tellement faim qu'il ne pouvait plus attendre
마침내 그는 너무 배고파서 더 이상 기다릴 수 없었습니다.
il a pris du poulet et l'a mangé en deux bouchées
그는 닭고기를 가져다가 두 입에 다 먹었습니다.
il tremblait en mangeant la nourriture
그는 음식을 먹으면서 떨고 있었다
après cela, il a bu quelques verres de vin
그 후 그는 몇 잔의 와인을 마셨다
devenant plus courageux, il sortit du hall
그는 더욱 용기를 얻어 홀 밖으로 나갔다.
et il traversa plusieurs grandes salles
그리고 그는 여러 개의 웅장한 홀을 통과했습니다.
il a traversé le palais jusqu'à ce qu'il arrive dans une chambre
그는 궁전을 지나 방에 도착할 때까지 걸어갔다.
une chambre qui contenait un très bon lit
매우 좋은 침대가 있는 방
il était très fatigué par son épreuve
그는 그의 시련으로 인해 매우 지쳐 있었습니다.
et il était déjà minuit passé

그리고 시간은 이미 자정을 넘었습니다
alors il a décidé qu'il était préférable de fermer la porte
그래서 그는 문을 닫는 것이 최선이라고 결정했습니다.
et il a conclu qu'il devrait aller se coucher
그리고 그는 잠자리에 들기로 결심했다
Il était dix heures du matin lorsque le marchand s'est réveillé
상인이 깨어난 것은 오전 10시였다.
au moment où il allait se lever, il vit quelque chose
그가 일어나려고 할 때 그는 무언가를 보았습니다.
il a été étonné de voir un ensemble de vêtements propres
그는 깨끗한 옷을 보고 놀랐다
à l'endroit où il avait laissé ses vêtements sales
그가 더러운 옷을 놓아두었던 그 자리에
"ce palais appartient certainement à une sorte de fée"
"이 궁전은 분명 어떤 선녀의 소유일 거야"
" une fée qui m'a vu et qui a eu pitié de moi"
" 나를 보고 불쌍히 여기는 요정 "
il a regardé à travers une fenêtre
그는 창문으로 들여다보았다
mais au lieu de neige, il vit le jardin le plus charmant
그러나 그는 눈 대신 가장 아름다운 정원을 보았습니다.
et dans le jardin il y avait les plus belles roses
그리고 정원에는 가장 아름다운 장미들이 있었습니다
il est ensuite retourné dans la grande salle
그런 다음 그는 대강당으로 돌아갔다.
la salle où il avait mangé de la soupe la veille
그가 전날 밤 수프를 먹었던 홀
et il a trouvé du chocolat sur une petite table
그리고 그는 작은 테이블에서 초콜릿을 발견했습니다.
« Merci, bonne Madame la Fée », dit-il à voix haute.
"고맙습니다, 좋은 요정 부인님." 그는 큰 소리로 말했습니다.
"Merci d'être si attentionné"
"너무나 친절하게 대해주셔서 감사합니다"

« Je vous suis extrêmement reconnaissant pour toutes vos faveurs »
"당신의 모든 은혜에 진심으로 감사드립니다"
l'homme gentil a bu son chocolat
친절한 남자는 초콜릿을 마셨다
et puis il est allé chercher son cheval
그리고 그는 말을 찾으러 갔다
mais dans le jardin il se souvint de la demande de Belle
그러나 정원에서 그는 아름다움의 요청을 기억했습니다.
et il coupa une branche de roses
그리고 그는 장미 가지를 잘랐다
immédiatement il entendit un grand bruit
그는 즉시 큰 소리를 들었습니다.
et il vit une bête terriblement effrayante
그리고 그는 매우 무서운 짐승을 보았습니다.
il était tellement effrayé qu'il était sur le point de s'évanouir
그는 너무 무서워서 기절할 지경이었다
« Tu es bien ingrat », lui dit la bête.
"너는 정말 배은망덕하구나." 짐승이 그에게 말했다.
et la bête parla d'une voix terrible
그리고 그 짐승은 무서운 목소리로 말했습니다.
« Je t'ai sauvé la vie en te laissant entrer dans mon château »
"내가 너를 내 성으로 들여보냄으로써 네 생명을 구했다"
"et pour ça tu me voles mes roses en retour ?"
"그리고 그 대가로 당신은 내 장미를 훔쳐갔어요?"
« Les roses que j'apprécie plus que tout »
"내가 무엇보다도 소중히 여기는 장미"
"mais tu mourras pour ce que tu as fait"
"그러나 너는 네가 행한 일로 인해 죽을 것이다"
« Je ne vous donne qu'un quart d'heure pour vous préparer »
"나는 당신에게 준비할 시간을 15분만 드리겠습니다"
« Préparez-vous à la mort et dites vos prières »
"죽음을 준비하고 기도하세요"
le marchand tomba à genoux
상인은 무릎을 꿇었다

et il leva ses deux mains
그리고 그는 두 손을 들어올렸다
« Monseigneur, je vous supplie de me pardonner »
"주님, 저를 용서해 주시기를 간청합니다"
« Je n'avais aucune intention de t'offenser »
"나는 당신을 화나게 할 의도가 없었습니다"
« J'ai cueilli une rose pour une de mes filles »
"나는 내 딸 중 한 명을 위해 장미를 모았습니다"
"elle m'a demandé de lui apporter une rose"
"그녀가 내게 장미 한 송이 가져다 달라고 부탁했어"
« Je ne suis pas ton seigneur, mais je suis une bête »,
répondit le monstre
"나는 당신의 주인이 아니라 짐승입니다." 괴물이
대답했습니다.
« Je n'aime pas les compliments »
"나는 칭찬을 좋아하지 않는다"
« J'aime les gens qui parlent comme ils pensent »
"나는 생각대로 말하는 사람을 좋아한다"
« N'imaginez pas que je puisse être ému par la flatterie »
"내가 아첨에 감동받을 수 있다고 생각하지 마세요"
« Mais tu dis que tu as des filles »
"그런데 당신은 딸이 있다고 하셨잖아요"
"Je te pardonnerai à une condition"
"한 가지 조건으로 당신을 용서하겠습니다"
« L'une de vos filles doit venir volontairement à mon palais »
"너희 딸 중 한 명이 기꺼이 내 궁전에 와야 한다"
"et elle doit souffrir pour toi"
"그리고 그녀는 당신을 위해 고통을 겪어야 합니다"
« Donne-moi ta parole »
"당신의 말을 들어보세요"
"et ensuite tu pourras vaquer à tes occupations"
"그리고 나서 당신은 당신의 일을 계속할 수 있습니다"
« Promets-moi ceci : »
"나에게 이걸 약속해:"

"Si votre fille refuse de mourir pour vous, vous devez revenir dans les trois mois"
"만약 당신의 딸이 당신을 위해 죽기를 거부한다면, 당신은 3개월 안에 돌아와야 합니다"
le marchand n'avait aucune intention de sacrifier ses filles
상인은 딸들을 희생시킬 생각이 전혀 없었다
mais, comme on lui en donnait le temps, il voulait revoir ses filles une fois de plus
하지만 시간이 주어지자 그는 딸들을 다시 한 번 보고 싶어했습니다.
alors il a promis qu'il reviendrait
그래서 그는 돌아올 것을 약속했습니다
et la bête lui dit qu'il pouvait partir quand il le voudrait
그리고 그 짐승은 그가 원할 때 출발할 수 있다고 그에게 말했습니다.
et la bête lui dit encore une chose
그리고 그 짐승은 그에게 한 가지 더 말했습니다.
« Tu ne partiras pas les mains vides »
"너희는 빈손으로 떠나지 말라"
« retourne dans la pièce où tu étais allongé »
"너가 누워 있던 방으로 돌아가라"
« vous verrez un grand coffre au trésor vide »
"당신은 큰 빈 보물 상자를 보게 될 것입니다"
« Remplissez le coffre aux trésors avec ce que vous préférez »
"당신이 가장 좋아하는 것으로 보물상자를 채워보세요"
"et j'enverrai le coffre au trésor chez toi"
"그리고 나는 보물상자를 당신 집으로 보내줄게요"
et en même temps la bête s'est retirée
그리고 동시에 짐승은 물러났다
« Eh bien, » se dit le bon homme
"글쎄요." 선한 사람이 스스로에게 말했습니다.
« Si je dois mourir, je laisserai au moins quelque chose à mes enfants »
"내가 죽어야 한다면 적어도 자식들에게 뭔가를

남겨주겠다"
alors il retourna dans la chambre à coucher
그래서 그는 침실로 돌아갔다
et il a trouvé une grande quantité de pièces d'or
그리고 그는 많은 금화들을 발견했습니다.
il a rempli le coffre au trésor que la bête avait mentionné
그는 짐승이 언급한 보물 상자를 채웠다
et il sortit son cheval de l'écurie
그리고 그는 말을 마구간에서 꺼냈다.
la joie qu'il ressentait en entrant dans le palais était désormais égale à la douleur qu'il ressentait en le quittant
궁전에 들어갔을 때 느꼈던 기쁨은 이제 궁전을 나설 때 느꼈던 슬픔과 같았다.
le cheval a pris un des chemins de la forêt
말은 숲길 중 하나를 택했다
et quelques heures plus tard, le bon homme était à la maison
그리고 몇 시간 후에 좋은 사람이 집에 왔습니다.
ses enfants sont venus à lui
그의 아이들이 그에게 왔다
mais au lieu de recevoir leurs étreintes avec plaisir, il les regardait
그러나 그는 그들의 포옹을 기쁘게 받아들이는 대신 그들을 바라보았습니다.
il brandit la branche qu'il tenait dans ses mains
그는 손에 들고 있던 나뭇가지를 들어올렸다
et puis il a fondu en larmes
그리고 그는 눈물을 터뜨렸습니다
« Belle », dit-il, « s'il te plaît, prends ces roses »
"아름다움이여," 그는 말했다, "이 장미들을 가져가세요"
"Vous ne pouvez pas savoir à quel point ces roses ont été chères"
"이 장미가 얼마나 비싼지 알 수 없을 거야"
"Ces roses ont coûté la vie à ton père"
"이 장미 때문에 당신 아버지의 목숨이 앗겨갔어요"
et puis il raconta sa fatale aventure

그리고 그는 자신의 치명적인 모험에 대해
이야기했습니다.
immédiatement les deux sœurs aînées crièrent
그러자 큰 자매 둘이 즉시 소리쳤다.
et ils ont dit beaucoup de choses méchantes à leur belle sœur
그리고 그들은 아름다운 여동생에게 많은 못된 말을
했습니다.
mais Belle n'a pas pleuré du tout
하지만 미인은 전혀 울지 않았다
« Regardez l'orgueil de ce petit misérable », dirent-ils.
"저 꼬마의 자존심을 봐요." 그들이 말했다.
"elle n'a pas demandé de beaux vêtements"
"그녀는 좋은 옷을 요구하지 않았다"
"Elle aurait dû faire ce que nous avons fait"
"그녀는 우리가 한 일을 했어야 했어"
"elle voulait se distinguer"
"그녀는 자신을 구별하고 싶어했습니다"
"alors maintenant elle sera la mort de notre père"
"그러니까 이제 그녀는 우리 아버지의 죽음이 될 거야"
"et pourtant elle ne verse pas une larme"
"그래도 그녀는 눈물을 흘리지 않는다"
"Pourquoi devrais-je pleurer ?" répondit Belle
"왜 울어야 하나요?" 미인이 대답했다
« pleurer serait très inutile »
"울어도 소용없어"
« Mon père ne souffrira pas pour moi »
"내 아버지는 나 때문에 고통을 겪지 않을 거야"
"le monstre acceptera une de ses filles"
"괴물은 자기 딸 중 하나를 받아들일 것이다"
« Je m'offrirai à toute sa fureur »
"나는 그의 모든 분노에 나 자신을 바칠 것이다"
« Je suis très heureux, car ma mort sauvera la vie de mon père »
"저는 매우 행복합니다. 제 죽음이 아버지의 생명을 구할 것이기 때문입니다."

"ma mort sera une preuve de mon amour"
"내 죽음은 내 사랑의 증거가 될 것이다"
« Non, ma sœur », dirent ses trois frères
"아니요, 자매님." 그녀의 세 형제가 말했습니다.
"cela ne sera pas"
"그것은 아닐 것이다"
"nous allons chercher le monstre"
"우리는 괴물을 찾아갈 것이다"
"et soit on le tue..."
"그리고 우리가 그를 죽일 거야…"
« … ou nous périrons dans cette tentative »
"… 그렇지 않으면 우리는 시도에서 죽을 것입니다"
« N'imaginez rien de tel, mes fils », dit le marchand.
"아들아, 그런 일은 상상도 하지 마라" 상인이 말했다.
"La puissance de la bête est si grande que je n'ai aucun espoir que tu puisses la vaincre"
"짐승의 힘이 너무 강해서 네가 그를 이길 수 있을 리가 없어"
« Je suis charmé par l'offre aimable et généreuse de Belle »
"나는 아름다움의 친절하고 관대한 제안에 매료되었습니다"
"mais je ne peux pas accepter sa générosité"
"하지만 나는 그녀의 관대함을 받아들일 수 없어"
« Je suis vieux et je n'ai plus beaucoup de temps à vivre »
"나는 늙었고, 더 이상 살 수 없습니다"
"Je ne peux donc perdre que quelques années"
"그래서 몇 년만 잃을 수 있을 거야"
"un temps que je regrette pour vous, mes chers enfants"
"내가 너희를 위해 애석하게 여기는 시간, 나의 사랑하는 자녀들아"
« Mais père », dit Belle
"하지만 아버지," 미인이 말했다
"tu n'iras pas au palais sans moi"
"내가 없이는 궁전에 갈 수 없다"
"tu ne peux pas m'empêcher de te suivre"

"너는 내가 너를 따라가는 것을 막을 수 없어"
rien ne pourrait convaincre Belle autrement
그렇지 않으면 아름다움을 설득할 수 있는 것은 아무것도 없습니다.
elle a insisté pour aller au beau palais
그녀는 아름다운 궁전에 가는 것을 고집했다
et ses sœurs étaient ravies de son insistance
그리고 그녀의 자매들은 그녀의 주장에 기뻐했습니다.
Le marchand était inquiet à l'idée de perdre sa fille
상인은 딸을 잃을까봐 걱정이 되었습니다.
il était tellement inquiet qu'il avait oublié le coffre rempli d'or
그는 너무 걱정해서 금으로 가득 찬 상자를 잊어버렸다
la nuit, il se retirait pour se reposer et fermait la porte de sa chambre
밤에 그는 쉬기 위해 물러났고 방문을 닫았습니다.
puis, à sa grande surprise, il trouva le trésor à côté de son lit
그러자 그는 침대 옆에 보물이 있는 것을 보고 매우 놀랐습니다.
il était déterminé à ne rien dire à ses enfants
그는 자녀들에게 말하지 않기로 결심했다
s'ils savaient, ils auraient voulu retourner en ville
그들이 알았다면 그들은 마을로 돌아가고 싶어했을 것이다
et il était résolu à ne pas quitter la campagne
그리고 그는 시골을 떠나지 않기로 결심했습니다.
mais il confia le secret à Belle
그러나 그는 아름다움에게 비밀을 맡겼다
elle l'informa que deux messieurs étaient venus
그녀는 그에게 두 명의 신사가 왔다고 알렸다.
et ils ont fait des propositions à ses sœurs
그리고 그들은 그녀의 자매들에게 제안을 했습니다.
elle a supplié son père de consentir à leur mariage
그녀는 그녀의 아버지에게 그들의 결혼에 동의해 달라고 간청했습니다.

et elle lui a demandé de leur donner une partie de sa fortune
그리고 그녀는 그에게 그의 재산 중 일부를 그들에게 주라고 했습니다.
elle leur avait déjà pardonné
그녀는 이미 그들을 용서했다
les méchantes créatures se frottaient les yeux avec des oignons
사악한 생물들은 양파로 눈을 비볐다
pour forcer quelques larmes quand ils se sont séparés de leur sœur
언니와 헤어질 때 눈물을 흘리게 하려고
mais ses frères étaient vraiment inquiets
하지만 그녀의 형제들은 정말로 걱정하고 있었어요
Belle était la seule à ne pas verser de larmes
눈물을 흘리지 않는 유일한 사람은 미인이었다
elle ne voulait pas augmenter leur malaise
그녀는 그들의 불안감을 키우고 싶지 않았다
le cheval a pris la route directe vers le palais
말은 궁전으로 가는 직행 도로를 택했다
et vers le soir ils virent le palais illuminé
그리고 저녁 무렵 그들은 빛나는 궁전을 보았습니다.
le cheval est rentré à l'écurie
말은 다시 마구간으로 들어갔다
et le bon homme et sa fille entrèrent dans la grande salle
그리고 선한 남자와 그의 딸은 큰 홀로 들어갔다.
ici ils ont trouvé une table magnifiquement dressée
여기서 그들은 훌륭하게 차려진 테이블을 발견했습니다.
le marchand n'avait pas d'appétit pour manger
상인은 먹을 식욕이 없었다
mais Belle s'efforçait de paraître joyeuse
그러나 아름다움은 쾌활해 보이려고 노력했다
elle s'est assise à table et a aidé son père
그녀는 테이블에 앉아서 아버지를 도왔습니다.
mais elle pensait aussi :
하지만 그녀는 또한 자신에게 이렇게 생각했습니다.

"La bête veut sûrement m'engraisser avant de me manger"
"짐승은 나를 먹기 전에 나를 살찌우고 싶어할 거야"
"c'est pourquoi il offre autant de divertissement"
"그래서 그는 그토록 풍부한 오락을 제공하는 거야"
après avoir mangé, ils entendirent un grand bruit
그들이 먹은 후에 큰 소리가 들렸다
et le marchand fit ses adieux à son malheureux enfant, les larmes aux yeux
그리고 상인은 눈물을 흘리며 불행한 아이에게 작별 인사를 했습니다.
parce qu'il savait que la bête allait venir
그는 짐승이 올 것을 알았기 때문이다
Belle était terrifiée par sa forme horrible
미인은 그의 끔찍한 모습에 겁에 질렸다
mais elle a pris courage du mieux qu'elle a pu
하지만 그녀는 할 수 있는 한 용기를 냈습니다.
et le monstre lui a demandé si elle était venue volontairement
그리고 괴물은 그녀에게 기꺼이 왔는지 물었습니다.
"Oui, je suis venue volontiers", dit-elle en tremblant
"그래요, 저는 기꺼이 왔어요." 그녀는 떨면서 말했다.
la bête répondit : « Tu es très bon »
짐승은 "너는 정말 훌륭하다"고 대답했다.
"et je vous suis très reconnaissant, honnête homme"
"그리고 나는 당신에게 큰 감사를 표합니다. 정직한 사람이시군요"
« Allez-y demain matin »
"내일 아침에 가거라"
"mais ne pense plus jamais à revenir ici"
"하지만 다시는 여기 오는 생각은 하지 마세요"
« Adieu Belle, adieu bête », répondit-il
"안녕, 미녀야, 안녕, 야수야." 그가 대답했다.
et immédiatement le monstre s'est retiré
그리고 괴물은 즉시 물러났다
« Oh, ma fille », dit le marchand

"아, 딸아." 상인이 말했다.
et il embrassa sa fille une fois de plus
그리고 그는 다시 한번 딸을 껴안았다.
« Je suis presque mort de peur »
"나는 거의 죽을 정도로 무서워요"
"crois-moi, tu ferais mieux de rentrer"
"나를 믿어, 너는 돌아가는 게 낫겠다"
"Laisse-moi rester ici, à ta place"
"내가 너 대신 여기 머물게 해줘"
« Non, père », **dit Belle d'un ton résolu.**
"아니요, 아버지." 미인이 단호한 어조로 말했다.
"tu partiras demain matin"
"너는 내일 아침에 출발해야 한다"
« Laissez-moi aux soins et à la protection de la Providence »
"나를 보호와 보살핌에 맡겨주세요"
néanmoins ils sont allés se coucher
그럼에도 불구하고 그들은 잠자리에 들었다
ils pensaient qu'ils ne fermeraient pas les yeux de la nuit
그들은 밤새 눈을 감지 않을 거라고 생각했다
mais juste au moment où ils se couchaient, ils s'endormirent
하지만 그들이 누워있는 순간 그들은 잠들었다
La belle rêva qu'une belle dame venait et lui disait :
미인은 아름다운 여인이 와서 말하는 꿈을 꾸었습니다.
« Je suis content, Belle, de ta bonne volonté »
"나는 당신의 호의에 만족합니다, 아름다움이여"
« Cette bonne action de votre part ne restera pas sans récompense »
"당신의 이 좋은 행동은 보상받지 못할 것이 없습니다"
Belle s'est réveillée et a raconté son rêve à son père
미녀는 깨어나서 아버지에게 자신의 꿈을 말했습니다.
le rêve l'a aidé à se réconforter un peu
그 꿈은 그에게 약간이나마 위로가 되었다
mais il ne pouvait s'empêcher de pleurer amèrement en partant
그러나 그는 떠나면서 몹시 울음을 참을 수 없었다.

Dès qu'il fut parti, Belle s'assit dans la grande salle et pleura aussi
그가 떠나자마자 미인은 대강당에 앉아 울기 시작했습니다.
mais elle résolut de ne pas s'inquiéter
하지만 그녀는 불안해하지 않기로 결심했습니다.
elle a décidé d'être forte pour le peu de temps qui lui restait à vivre
그녀는 남은 짧은 시간 동안 강해지기로 결심했습니다.
parce qu'elle croyait fermement que la bête la mangerait
그녀는 짐승이 자신을 먹을 것이라고 굳게 믿었기 때문입니다.
Cependant, elle pensait qu'elle pourrait aussi bien explorer le palais
그러나 그녀는 궁전을 탐험하는 것이 좋을 것이라고 생각했습니다.
et elle voulait voir le beau château
그리고 그녀는 아름다운 성을 보고 싶어했습니다.
un château qu'elle ne pouvait s'empêcher d'admirer
그녀가 감탄하지 않을 수 없었던 성
c'était un palais délicieusement agréable
그것은 매우 즐거운 궁전이었습니다
et elle fut extrêmement surprise de voir une porte
그리고 그녀는 문을 보고 매우 놀랐습니다.
et sur la porte il était écrit que c'était sa chambre
그리고 문 위에는 그녀의 방이라고 쓰여 있었습니다.
elle a ouvert la porte à la hâte
그녀는 서둘러 문을 열었다
et elle était tout à fait éblouie par la magnificence de la pièce
그리고 그녀는 그 방의 웅장함에 완전히 매료되었습니다.
ce qui a principalement retenu son attention était une grande bibliothèque
그녀의 관심을 가장 많이 끈 것은 큰 도서관이었습니다.
un clavecin et plusieurs livres de musique

하프시코드와 여러 악보
« Eh bien, » se dit-elle
그녀는 스스로에게 "글쎄요."라고 말했습니다.
« Je vois que la bête ne laissera pas mon temps peser sur moi »
"나는 짐승이 내 시간을 무겁게 매달리지 않게 할 것이라는 것을 봅니다"
puis elle réfléchit à sa situation
그러자 그녀는 자신의 상황을 곰곰이 생각해보았다.
« Si je devais rester un jour, tout cela ne serait pas là »
"내가 하루만 머물기로 했다면 이 모든 것이 여기 있지 않았을 거야"
cette considération lui inspira un courage nouveau
이러한 고려 사항은 그녀에게 새로운 용기를 불어넣었습니다.
et elle a pris un livre de sa nouvelle bibliothèque
그리고 그녀는 그녀의 새로운 도서관에서 책 한 권을 가져왔습니다
et elle lut ces mots en lettres d'or :
그리고 그녀는 금색 글자로 된 이 글을 읽었습니다:
« Accueillez Belle, bannissez la peur »
"아름다움을 환영하고 두려움을 몰아내세요"
« Vous êtes reine et maîtresse ici »
"당신은 여기의 여왕이자 여주인이에요"
« Exprimez vos souhaits, exprimez votre volonté »
"당신의 소원을 말하세요, 당신의 의지를 말하세요"
« L'obéissance rapide répond ici à vos souhaits »
"여기서는 신속한 복종이 당신의 소원을 들어줍니다"
« Hélas, dit-elle avec un soupir
그녀는 한숨을 쉬며 "아아,"라고 말했습니다.
« Ce que je souhaite par-dessus tout, c'est revoir mon pauvre père. »
"가장 보고 싶은 건 가난한 아버지를 뵙는 거예요"
"et j'aimerais savoir ce qu'il fait"
"그리고 나는 그가 무엇을 하고 있는지 알고 싶습니다"

Dès qu'elle eut dit cela, elle remarqua le miroir
그녀가 이렇게 말하자마자 그녀는 거울을 보았습니다.
à sa grande surprise, elle vit sa propre maison dans le miroir
그녀는 거울 속에서 자신의 집을 보고 매우 놀랐습니다.
son père est arrivé émotionnellement épuisé
그녀의 아버지는 감정적으로 지쳐 도착했습니다.
ses sœurs sont allées à sa rencontre
그녀의 자매들은 그를 만나러 갔다
malgré leurs tentatives de paraître tristes, leur joie était visible
그들이 슬퍼 보이려고 노력했음에도 불구하고 그들의 기쁨은 눈에 띄었습니다.
un instant plus tard, tout a disparu
잠시 후 모든 것이 사라졌습니다.
et les appréhensions de Belle ont également disparu
그리고 미인에 대한 걱정도 사라졌다
car elle savait qu'elle pouvait faire confiance à la bête
그녀는 그 짐승을 믿을 수 있다는 것을 알았기 때문이다.
À midi, elle trouva le dîner prêt
정오에 그녀는 저녁 식사가 준비된 것을 발견했습니다.
elle s'est assise à la table
그녀는 테이블에 앉았다
et elle a été divertie avec un concert de musique
그리고 그녀는 음악 콘서트로 즐거운 시간을 보냈습니다.
même si elle ne pouvait voir personne
그녀는 누구도 볼 수 없었지만
le soir, elle s'est à nouveau assise pour dîner
밤에 그녀는 다시 저녁 식사를 위해 앉았습니다.
cette fois elle entendit le bruit que faisait la bête
이번에 그녀는 짐승이 내는 소리를 들었다
et elle ne pouvait s'empêcher d'être terrifiée
그리고 그녀는 겁에 질리지 않을 수 없었습니다.
"Belle", dit le monstre
"아름다움"이라고 괴물이 말했다

"est-ce que tu me permets de manger avec toi ?"
"나랑 같이 식사해도 돼?"

« Fais comme tu veux », répondit Belle en tremblant
"당신 마음대로 하세요." 미인이 떨면서 대답했다.

"Non", répondit la bête
"아니요." 짐승이 대답했습니다.

"tu es seule la maîtresse ici"
"여기서 당신만이 여주인이에요"

"tu peux me renvoyer si je suis gênant"
"내가 귀찮으면 날 보내도 돼"

« renvoyez-moi et je me retirerai immédiatement »
"나를 보내주시면 즉시 철수하겠습니다"

« Mais dis-moi, ne me trouves-tu pas très laide ? »
"하지만 말해봐요. 내가 매우 못생겼다고 생각하지 않아요?"

"C'est vrai", dit Belle
"그게 사실이에요." 미인이 말했다.

« Je ne peux pas mentir »
"나는 거짓말을 할 수 없다"

"mais je crois que tu es de très bonne nature"
"하지만 당신은 성격이 매우 좋은 것 같아요"

« Je le suis en effet », dit le monstre
"나는 정말로 그렇다"고 괴물이 말했다.

« Mais à part ma laideur, je n'ai pas non plus de bon sens »
"하지만 내 추함 말고는 아무런 감각도 없어"

« Je sais très bien que je suis une créature stupide »
"나는 내가 어리석은 존재라는 것을 잘 알고 있습니다"

« Ce n'est pas un signe de folie de penser ainsi », répondit Belle.
"그렇게 생각하는 것은 어리석은 일이 아닙니다." 미인이 대답했습니다.

« Mange donc, belle », dit le monstre
"그럼 먹어라, 미인아." 괴물이 말했다.

« essaie de t'amuser dans ton palais »
"궁전에서 즐겁게 놀아보세요"

"tout ici est à toi"
"여기 있는 모든 것은 당신 것입니다"
"et je serais très mal à l'aise si tu n'étais pas heureux"
"그리고 당신이 행복하지 않다면 나는 매우 불안할 것입니다"
« Vous êtes très obligeant », répondit Belle
"당신은 매우 친절합니다."라고 미인이 대답했습니다.
« J'avoue que je suis heureux de votre gentillesse »
"나는 당신의 친절에 기쁘다는 것을 인정합니다"
« et quand je considère votre gentillesse, je remarque à peine vos difformités »
"그리고 내가 당신의 친절을 생각할 때, 나는 당신의 기형을 거의 알아차리지 못합니다"
« Oui, oui, dit la bête, mon cœur est bon.
"그렇습니다, 그렇습니다." 짐승이 말했다. "내 마음은 좋습니다.
"mais même si je suis bon, je suis toujours un monstre"
"하지만 내가 아무리 착하더라도 나는 여전히 괴물이야"
« Il y a beaucoup d'hommes qui méritent ce nom plus que toi »
"당신보다 그 이름을 받을 만한 남자가 많이 있어요"
"et je te préfère tel que tu es"
"그리고 나는 당신을 있는 그대로 더 좋아한다"
"et je te préfère à ceux qui cachent un cœur ingrat"
"그리고 나는 은혜를 모르는 마음을 숨기는 자들보다 너희를 더 사랑하노라"
"Si seulement j'avais un peu de bon sens", répondit la bête
"내게 약간의 감각만 있었으면" 짐승이 대답했다.
"Si j'avais du bon sens, je vous ferais un beau compliment pour vous remercier"
"내가 제정신이라면 당신에게 훌륭한 칭찬을 해서 감사를 표하고 싶습니다"
"mais je suis si ennuyeux"
"하지만 나는 너무 지루해"
« Je peux seulement dire que je vous suis très reconnaissant

»
"나는 당신에게 큰 감사를 표할 뿐입니다"
Belle a mangé un copieux souper
미인은 풍성한 저녁을 먹었습니다
et elle avait presque vaincu sa peur du monstre
그리고 그녀는 괴물에 대한 공포를 거의 극복했습니다.
mais elle a voulu s'évanouir lorsque la bête lui a posé la question suivante
하지만 짐승이 다음 질문을 하자 그녀는 기절할 뻔했다.
"Belle, veux-tu être ma femme ?"
"아가씨, 제 아내가 되어 주시겠어요?"
elle a mis du temps avant de pouvoir répondre
그녀는 대답하기까지 시간이 좀 걸렸다
parce qu'elle avait peur de le mettre en colère
그녀는 그를 화나게 할까봐 두려웠기 때문이다
Mais finalement elle dit "non, bête"
하지만 마침내 그녀는 "아니, 짐승아"라고 말했습니다.
immédiatement le pauvre monstre siffla très effroyablement
불쌍한 괴물은 즉시 매우 무섭게 쉿쉿거렸습니다.
et tout le palais résonna
그리고 궁전 전체가 울려 퍼졌다
mais Belle se remit bientôt de sa frayeur
그러나 아름다움은 곧 그녀의 공포에서 회복되었습니다.
parce que la bête parla encore d'une voix lugubre
짐승이 다시 슬픈 목소리로 말을 했기 때문이다.
"Alors adieu, Belle"
"그럼 안녕, 아름다움"
et il ne se retournait que de temps en temps
그리고 그는 가끔씩만 뒤돌아보았다
de la regarder alors qu'il sortait
그가 나갈 때 그녀를 바라보다
maintenant Belle était à nouveau seule
이제 아름다움은 다시 혼자가 되었습니다
elle ressentait beaucoup de compassion
그녀는 큰 연민을 느꼈다

"Hélas, c'est mille fois dommage"
"아, 정말 안타까운 일이에요"
"tout ce qui est si bon ne devrait pas être si laid"
"그렇게 좋은 성격의 것은 그렇게 추할 수 없다"
Belle a passé trois mois très heureuse dans le palais
미인은 궁전에서 3개월을 매우 만족스럽게 보냈다
chaque soir la bête lui rendait visite
매일 저녁 짐승이 그녀를 방문했습니다.
et ils ont parlé pendant le dîner
그리고 그들은 저녁 식사 중에 이야기를 나누었습니다
ils ont parlé avec bon sens
그들은 상식적으로 이야기했다
mais ils ne parlaient pas avec ce que les gens appellent de l'esprit
하지만 그들은 사람들이 재치있게 말하는 것을 하지 않았습니다.
Belle a toujours découvert un caractère précieux dans la bête
미인은 항상 야수에게서 귀중한 특성을 발견합니다
et elle s'était habituée à sa difformité
그리고 그녀는 그의 기형에 익숙해졌다
elle ne redoutait plus le moment de sa visite
그녀는 더 이상 그의 방문 시간을 두려워하지 않았습니다.
maintenant elle regardait souvent sa montre
이제 그녀는 종종 시계를 보았다
et elle ne pouvait pas attendre qu'il soit neuf heures
그리고 그녀는 9시가 되기를 기다릴 수 없었습니다.
car la bête ne manquait jamais de venir à cette heure-là
그 짐승은 그 시간에 결코 오지 않았기 때문이다
il n'y avait qu'une seule chose qui concernait Belle
아름다움에 관한 것은 오직 하나뿐이었다
chaque soir avant d'aller au lit, la bête lui posait la même question
매일 밤 그녀가 잠자리에 들기 전에 짐승은 그녀에게 같은 질문을 던졌습니다.

le monstre lui a demandé si elle voulait être sa femme
괴물은 그녀에게 자신의 아내가 되어줄 것인지 물었다
un jour elle lui dit : "bête, tu me mets très mal à l'aise"
어느 날 그녀는 그에게 말했다, "짐승아, 너는 나를 매우 불안하게 만든다"
« J'aimerais pouvoir consentir à t'épouser »
"내가 당신과 결혼하는 데 동의할 수 있었으면 좋겠어요"
"mais je suis trop sincère pour te faire croire que je t'épouserais"
"하지만 나는 너무 진심이어서 당신과 결혼할 거라고 믿게 만들 수 없어"
"Notre mariage n'aura jamais lieu"
"우리 결혼은 절대 안 될 거야"
« Je te verrai toujours comme un ami »
"나는 당신을 항상 친구로 볼 것입니다"
"S'il vous plaît, essayez d'être satisfait de cela"
"이것으로 만족하려고 노력해주세요"
« Je dois me contenter de cela », dit la bête
"나는 이것으로 만족해야 한다"고 짐승이 말했다.
« Je connais mon propre malheur »
"나는 내 불행을 알고 있다"
"mais je t'aime avec la plus tendre affection"
"하지만 나는 당신을 가장 부드러운 애정으로 사랑합니다"
« Cependant, je devrais me considérer comme heureux »
"그러나 나는 나 자신을 행복하다고 생각해야 합니다"
"et je serais heureux que tu restes ici"
"그리고 당신이 여기 머물러서 행복할 것 같아요"
"promets-moi de ne jamais me quitter"
"나를 절대 떠나지 않겠다고 약속해"
Belle rougit à ces mots
이 말에 미녀는 얼굴이 붉어졌다
Un jour, Belle se regardait dans son miroir
어느 날 미인이 거울을 들여다보고 있었습니다
son père s'était inquiété à mort pour elle

그녀의 아버지는 그녀를 걱정하며 괴로워했습니다.
elle avait plus que jamais envie de le revoir
그녀는 그 어느 때보다도 그를 다시 만나고 싶어했다
« Je pourrais te promettre de ne jamais te quitter complètement »
"나는 당신을 완전히 떠나지 않을 거라고 약속할 수 있어요"
"mais j'ai tellement envie de voir mon père"
"하지만 나는 아버지를 보고 싶은 마음이 너무 강해요"
« Je serais terriblement contrarié si tu disais non »
"당신이 거절한다면 나는 엄청나게 화가 날 것이다"
« Je préfère mourir moi-même », dit le monstre
"나는 차라리 스스로 죽는 편이 낫다"고 괴물이 말했다.
« Je préférerais mourir plutôt que de te mettre mal à l'aise »
"당신을 불안하게 만들기보다는 차라리 죽고 싶다"
« Je t'enverrai vers ton père »
"내가 너를 네 아버지께로 보내리라"
"tu resteras avec lui"
"너는 그와 함께 있을 것이다"
"et cette malheureuse bête mourra de chagrin à la place"
"그리고 이 불행한 짐승은 대신 슬픔과 함께 죽을 것입니다"
« Non », dit Belle en pleurant
"아니요." 미인이 울면서 말했다.
"Je t'aime trop pour être la cause de ta mort"
"나는 당신을 너무 사랑해서 당신의 죽음을 초래할 수 없습니다"
"Je te promets de revenir dans une semaine"
"일주일 후에 돌아오겠다고 약속드립니다"
« Tu m'as montré que mes sœurs sont mariées »
"당신은 내 자매들이 결혼했다는 것을 나에게 보여 주셨습니다"
« et mes frères sont partis à l'armée »
"그리고 내 형제들은 군대에 갔어요"
« laisse-moi rester une semaine avec mon père, car il est seul

»
"아버지가 혼자 계시니 일주일 정도 아버지 집에 머물게 해 주세요"
« Tu seras là demain matin », dit la bête
"너는 내일 아침 거기 있을 거야." 짐승이 말했다.
"mais souviens-toi de ta promesse"
"하지만 당신의 약속을 기억하세요"
« Il vous suffit de poser votre bague sur une table avant d'aller vous coucher »
"잠자리에 들기 전에 반지를 테이블 위에 올려놓기만 하면 돼요"
"et alors tu seras ramené avant le matin"
"그러면 너는 아침이 오기 전에 다시 데려와질 것이다"
« Adieu chère Belle », soupira la bête
"안녕, 사랑하는 아름다움아." 짐승이 한숨을 쉬며 말했다.
Belle s'est couchée très triste cette nuit-là
미인은 그날 밤 매우 슬픈 마음으로 잠자리에 들었습니다.
parce qu'elle ne voulait pas voir la bête si inquiète
그녀는 짐승이 그렇게 걱정하는 것을 보고 싶지 않았기 때문이다
le lendemain matin, elle se retrouva chez son père
다음날 아침 그녀는 아버지 집에 있었습니다.
elle a sonné une petite cloche à côté de son lit
그녀는 침대 옆에 있는 작은 종을 울렸다
et la servante poussa un grand cri
그리고 하녀는 큰 비명을 질렀다.
et son père a couru à l'étage
그리고 그녀의 아버지는 위층으로 달려갔다
il pensait qu'il allait mourir de joie
그는 기쁨으로 죽을 줄 알았다
il l'a tenue dans ses bras pendant un quart d'heure
그는 그녀를 15분 동안 팔에 안고 있었다
Finalement, les premières salutations étaient terminées

마침내 첫 인사가 끝났다
Belle a commencé à penser à sortir du lit
미인은 침대에서 나오는 것에 대해 생각하기
시작했습니다.
mais elle s'est rendu compte qu'elle n'avait apporté aucun vêtement
하지만 그녀는 옷을 하나도 가지고 오지 않았다는 것을
깨달았습니다.
mais la servante lui a dit qu'elle avait trouvé une boîte
하지만 하인은 그녀에게 상자를 찾았다고 말했습니다.
le grand coffre était plein de robes et de robes
큰 트렁크에는 가운과 드레스가 가득 차 있었습니다.
chaque robe était couverte d'or et de diamants
각 가운은 금과 다이아몬드로 덮여 있었습니다.
La Belle a remercié la Bête pour ses bons soins
미녀는 야수의 친절한 보살핌에 감사를 표했다
et elle a pris l'une des robes les plus simples
그리고 그녀는 가장 단순한 드레스 중 하나를
입었습니다.
elle avait l'intention de donner les autres robes à ses sœurs
그녀는 나머지 드레스들을 자매들에게 주려고 했습니다.
mais à cette pensée le coffre de vêtements disparut
그런데 그 생각에 옷 상자가 사라져 버렸다
la bête avait insisté sur le fait que les vêtements étaient pour elle seulement
짐승은 그 옷이 그녀만을 위한 것이라고 주장했다
son père lui a dit que c'était le cas
그녀의 아버지는 이것이 사실이라고 그녀에게
말했습니다.
et aussitôt le coffre de vêtements est revenu
그리고 곧 옷 상자가 다시 돌아왔습니다.
Belle s'est habillée avec ses nouveaux vêtements
미인은 새로운 옷을 입고 차려입었다
et pendant ce temps les servantes allèrent chercher ses sœurs
그리고 그 사이에 하인들은 그녀의 자매들을 찾으러

갔다
ses deux sœurs étaient avec leurs maris
그녀의 자매 둘 다 남편과 함께 있었습니다
mais ses deux sœurs étaient très malheureuses
하지만 그녀의 두 자매는 모두 매우 불행했습니다.
sa sœur aînée avait épousé un très beau gentleman
그녀의 큰 언니는 매우 잘생긴 신사와 결혼했습니다.
mais il était tellement amoureux de lui-même qu'il négligeait sa femme
그러나 그는 자신을 너무 사랑해서 아내를 소홀히 했습니다.
sa deuxième sœur avait épousé un homme spirituel
그녀의 두 번째 자매는 재치있는 남자와 결혼했습니다.
mais il a utilisé son esprit pour tourmenter les gens
하지만 그는 자신의 재치를 이용해 사람들을 괴롭혔다
et il tourmentait surtout sa femme
그리고 그는 그의 아내를 가장 괴롭혔다
Les sœurs de Belle l'ont vue habillée comme une princesse
미인의 자매들은 그녀가 공주처럼 차려입은 것을 보았다
et ils furent écœurés d'envie
그리고 그들은 질투에 질려 있었습니다.
maintenant elle était plus belle que jamais
이제 그녀는 그 어느 때보다 더 아름다웠다
son comportement affectueux n'a pas pu étouffer leur jalousie
그녀의 애정 어린 행동은 그들의 질투를 억누를 수 없었다
elle leur a dit combien elle était heureuse avec la bête
그녀는 그들에게 자신이 그 짐승과 얼마나 행복한지 말했습니다.
et leur jalousie était prête à éclater
그리고 그들의 질투는 터질 준비가 되었습니다.
Ils descendirent dans le jardin pour pleurer leur malheur
그들은 불행을 울기 위해 정원으로 내려갔습니다.
« En quoi cette petite créature est-elle meilleure que nous ? »

"이 작은 생물이 우리보다 어떤 면에서 나을 수가 있을까?"
« Pourquoi devrait-elle être tellement plus heureuse ? »
"그녀가 왜 그렇게 더 행복해야 할까요?"
« Sœur », dit la sœur aînée
"언니," 언니가 말했다.
"une pensée vient de me traverser l'esprit"
"방금 어떤 생각이 떠올랐어요"
« Essayons de la garder ici plus d'une semaine »
"그녀를 일주일 이상 여기 머물게 해보자"
"Peut-être que cela fera enrager ce monstre idiot"
"아마도 이게 어리석은 괴물을 화나게 할 거야"
« parce qu'elle aurait manqué à sa parole »
"그녀가 약속을 어겼을 테니까"
"et alors il pourrait la dévorer"
"그러면 그는 그녀를 삼킬 수도 있습니다"
"C'est une excellente idée", répondit l'autre sœur
"좋은 생각이네요." 다른 자매가 대답했다.
« Nous devons lui montrer autant de gentillesse que possible »
"우리는 그녀에게 가능한 한 많은 친절을 보여야 합니다"
les sœurs en ont fait leur résolution
자매들은 이것을 결심했습니다
et ils se sont comportés très affectueusement envers leur sœur
그리고 그들은 자매에게 매우 애정을 가지고 행동했습니다.
pauvre Belle pleurait de joie à cause de toute leur gentillesse
불쌍한 미녀는 그들의 모든 친절에 기쁨으로 울었습니다.
quand la semaine fut expirée, ils pleurèrent et s'arrachèrent les cheveux
일주일이 지나자 그들은 울고 머리를 뜯었다.
ils semblaient si désolés de se séparer d'elle
그들은 그녀와 헤어지는 것이 너무 미안해 보였다

et Belle a promis de rester une semaine de plus
그리고 아름다움은 일주일 더 머물겠다고 약속했습니다
Pendant ce temps, Belle ne pouvait s'empêcher de réfléchir sur elle-même
그 사이에 미인은 자기 자신을 돌아보지 않을 수 없었다.
elle s'inquiétait de ce qu'elle faisait à la pauvre bête
그녀는 불쌍한 짐승에게 무슨 짓을 하고 있는지 걱정했습니다.
elle sait qu'elle l'aimait sincèrement
그녀는 자신이 그를 진심으로 사랑한다는 것을 알고 있다
et elle avait vraiment envie de le revoir
그리고 그녀는 정말로 그를 다시 만나고 싶어했습니다
la dixième nuit qu'elle a passée chez son père aussi
그녀도 아버지 집에서 보낸 열 번째 밤
elle a rêvé qu'elle était dans le jardin du palais
그녀는 궁전 정원에 있는 꿈을 꾸었다
et elle rêva qu'elle voyait la bête étendue sur l'herbe
그리고 그녀는 짐승이 풀밭 위로 뻗어 있는 것을 꿈꿨습니다.
il semblait lui faire des reproches d'une voix mourante
그는 죽어가는 목소리로 그녀를 비난하는 듯했다.
et il l'accusa d'ingratitude
그리고 그는 그녀가 배은망덕하다고 비난했습니다.
Belle s'est réveillée de son sommeil
미녀가 잠에서 깨어났다
et elle a fondu en larmes
그리고 그녀는 눈물을 터뜨렸다
« Ne suis-je pas très méchant ? »
"내가 매우 사악하지 않은가?"
« N'était-ce pas cruel de ma part d'agir si méchamment envers la bête ? »
"내가 그 짐승에게 그토록 불친절하게 대하는 게 잔인하지 않았나요?"
"la bête a tout fait pour me faire plaisir"

"짐승은 나를 기쁘게 하기 위해 모든 것을 다 했다"
« Est-ce sa faute s'il est si laid ? »
"그가 그렇게 못생긴 게 그의 잘못이에요?"
« Est-ce sa faute s'il a si peu d'esprit ? »
"그가 재치가 없는 게 그의 잘못인가요?"
« Il est gentil et bon, et cela suffit »
"그는 친절하고 착하며, 그것으로 충분합니다"
« Pourquoi ai-je refusé de l'épouser ? »
"왜 나는 그와 결혼하는 것을 거부했을까?"
« Je devrais être heureux avec le monstre »
"나는 괴물과 함께 행복해야 한다"
« regarde les maris de mes sœurs »
"내 자매들의 남편들을 보세요"
« Ni l'esprit, ni la beauté ne les rendent bons »
"재치도 없고, 잘생겼다는 것도 그들을 훌륭하게 만들지 못한다"
« aucun de leurs maris ne les rend heureuses »
"그들의 남편 중 누구도 그들을 행복하게 해주지 않는다"
« mais la vertu, la douceur de caractère et la patience »
"그러나 미덕, 온화한 성격, 인내심"
"ces choses rendent une femme heureuse"
"이런 것들이 여자를 행복하게 만든다"
"et la bête a toutes ces qualités précieuses"
"그리고 그 짐승은 이 모든 귀중한 자질을 가지고 있습니다"
"c'est vrai, je ne ressens pas de tendresse et d'affection pour lui"
"그렇습니다. 나는 그에게 애정의 부드러움을 느끼지 못합니다"
"mais je trouve que j'éprouve la plus grande gratitude envers lui"
"하지만 나는 그에게 가장 큰 감사를 느낀다"
"et j'ai la plus haute estime pour lui"
"그리고 나는 그를 가장 존경합니다"
"et il est mon meilleur ami"

"그리고 그는 내 가장 친한 친구야"
« Je ne le rendrai pas malheureux »
"나는 그를 불행하게 만들지 않을 것이다"
« Si j'étais si ingrat, je ne me le pardonnerais jamais »
"내가 그렇게 배은망덕하다면 결코 나 자신을 용서하지 않을 것입니다"
Belle a posé sa bague sur la table
미인은 그녀의 반지를 테이블에 올려놓았다
et elle est retournée au lit
그리고 그녀는 다시 잠자리에 들었다
à peine était-elle au lit qu'elle s'endormit
그녀는 잠들기 직전에 침대에 거의 누워 있었습니다.
elle s'est réveillée à nouveau le lendemain matin
그녀는 다음날 아침에 다시 일어났다
et elle était ravie de se retrouver dans le palais de la bête
그리고 그녀는 자신이 짐승의 궁전에 있는 것을 발견하고 매우 기뻤습니다.
elle a mis une de ses plus belles robes pour lui faire plaisir
그녀는 그를 기쁘게 하기 위해 그녀의 가장 아름다운 드레스 중 하나를 입었습니다.
et elle attendait patiemment le soir
그리고 그녀는 참을성 있게 저녁을 기다렸다
enfin l'heure tant souhaitée est arrivée
마침내 바라던 시간이 왔습니다
L'horloge a sonné neuf heures, mais aucune bête n'est apparue
시계는 9시를 쳤지만 짐승은 나타나지 않았습니다.
La belle craignit alors d'avoir été la cause de sa mort
미인은 그때 자신이 그의 죽음의 원인이라고 두려워했습니다.
elle a couru en pleurant dans tout le palais
그녀는 궁전 주위를 울면서 돌아다녔다
après l'avoir cherché partout, elle se souvint de son rêve
그녀는 그를 사방에서 찾아다닌 끝에 자신의 꿈을 떠올렸다.

et elle a couru vers le canal dans le jardin
그리고 그녀는 정원의 운하로 달려갔다
là elle a trouvé la pauvre bête étendue
그녀는 그곳에서 불쌍한 짐승이 뻗어 있는 것을 발견했습니다.
et elle était sûre de l'avoir tué
그리고 그녀는 자신이 그를 죽였다고 확신했습니다
elle se jeta sur lui sans aucune crainte
그녀는 아무런 두려움 없이 그에게 몸을 던졌습니다.
son cœur battait encore
그의 심장은 아직도 뛰고 있었다
elle est allée chercher de l'eau au canal
그녀는 운하에서 물을 가져왔다
et elle versa l'eau sur sa tête
그리고 그녀는 그의 머리에 물을 부었다
la bête ouvrit les yeux et parla à Belle
짐승은 눈을 뜨고 미녀에게 말을 걸었다
« Tu as oublié ta promesse »
"당신은 약속을 잊었어요"
« J'étais tellement navrée de t'avoir perdu »
"당신을 잃어서 너무 마음이 아팠어요"
« J'ai décidé de me laisser mourir de faim »
"나는 굶어 죽기로 결심했다"
"mais j'ai le bonheur de te revoir une fois de plus"
"하지만 나는 당신을 다시 볼 수 있는 행복을 가지고 있습니다"
"j'ai donc le plaisir de mourir satisfait"
"그래서 나는 만족스럽게 죽을 수 있는 기쁨을 얻었습니다"
« Non, chère bête », dit Belle, « tu ne dois pas mourir »
"아니, 사랑하는 짐승아," 미녀가 말했다, "너는 죽어서는 안 돼."
« Vis pour être mon mari »
"내 남편으로 살아라"
"à partir de maintenant je te donne ma main"

"이 순간부터 나는 당신에게 내 손을 줍니다"
"et je jure de n'être que le tien"
"그리고 나는 당신 외에는 아무도 될 수 없다고 맹세합니다"
« Hélas ! Je pensais n'avoir que de l'amitié pour toi »
"아아! 나는 너에게 우정만 있을 줄 알았어"
« mais la douleur que je ressens maintenant m'en convainc » ;
"하지만 지금 내가 느끼는 슬픔이 나를 설득합니다."
"Je ne peux pas vivre sans toi"
"나는 너 없이는 살 수 없어"

Belle avait à peine prononcé ces mots lorsqu'elle vit une lumière
아름다움은 빛을 보았을 때 이 말을 거의 하지 않았습니다.
le palais scintillait de lumière
궁전은 빛으로 반짝였다
des feux d'artifice ont illuminé le ciel
불꽃놀이가 하늘을 밝혔다
et l'air rempli de musique
그리고 음악으로 가득 찬 공기
tout annonçait un grand événement
모든 것이 어떤 큰 사건을 알리는 신호였다
mais rien ne pouvait retenir son attention
하지만 그녀의 관심을 끌 수 있는 것은 아무것도 없었다.
elle s'est tournée vers sa chère bête
그녀는 그녀의 사랑하는 짐승에게로 돌아섰다
la bête pour laquelle elle tremblait de peur
그녀가 두려움에 떨던 짐승
mais sa surprise fut grande face à ce qu'elle vit !
하지만 그녀는 본 것에 큰 놀라움을 느꼈습니다!
la bête avait disparu
짐승이 사라졌다
Au lieu de cela, elle a vu le plus beau prince
대신 그녀는 가장 사랑스러운 왕자를 보았습니다

elle avait mis fin au sort
그녀는 그 주문을 끝냈다
un sort sous lequel il ressemblait à une bête
그가 짐승과 닮은 주문
ce prince était digne de toute son attention
이 왕자는 그녀의 모든 관심을 받을 만한 사람이었다
mais elle ne pouvait s'empêcher de demander où était la bête
하지만 그녀는 그 짐승이 어디에 있는지 묻지 않을 수 없었다.
« Vous le voyez à vos pieds », dit le prince
"당신은 그가 당신의 발 아래에 있는 것을 보았습니다." 왕자가 말했습니다.
« Une méchante fée m'avait condamné »
"사악한 요정이 나를 정죄했다"
« Je devais rester dans cette forme jusqu'à ce qu'une belle princesse accepte de m'épouser »
"나는 아름다운 공주가 나와 결혼하기로 동의할 때까지 그 모습을 유지해야 했습니다"
"la fée a caché ma compréhension"
"요정이 내 이해를 숨겼다"
« tu étais le seul assez généreux pour être charmé par la bonté de mon caractère »
"당신은 내 성격의 좋은 점에 매료될 만큼 관대한 유일한 사람이었습니다"
Belle était agréablement surprise
미인은 행복하게 놀랐다
et elle donna sa main au charmant prince
그리고 그녀는 매력적인 왕자에게 손을 내밀었다
ils sont allés ensemble au château
그들은 함께 성으로 들어갔다
et Belle fut ravie de retrouver son père au château
그리고 미인은 성에서 아버지를 만나서 매우 기뻤습니다.
et toute sa famille était là aussi
그리고 그녀의 온 가족도 거기에 있었습니다

même la belle dame qui lui était apparue dans son rêve était là
그녀의 꿈에 나타난 아름다운 여인도 거기에 있었어요
"Belle", dit la dame du rêve
"아름다움" 꿈 속의 여인이 말했다.
« viens et reçois ta récompense »
"와서 보상을 받으세요"
« Vous avez préféré la vertu à l'esprit ou à l'apparence »
"당신은 재치나 외모보다 미덕을 더 선호합니다"
"et tu mérites quelqu'un chez qui ces qualités sont réunies"
"그리고 당신은 이러한 자질이 결합된 사람을 만날 자격이 있습니다"
"tu vas être une grande reine"
"너는 위대한 여왕이 될 거야"
« J'espère que le trône ne diminuera pas votre vertu »
"왕위가 당신의 덕을 낮추지 않기를 바랍니다"
puis la fée se tourna vers les deux sœurs
그러자 요정은 두 자매에게로 돌아섰다.
« J'ai vu à l'intérieur de vos cœurs »
"나는 너희 마음을 보았다"
"et je connais toute la méchanceté que contiennent vos cœurs"
"그리고 나는 당신들의 마음에 얼마나 악의가 담겨 있는지 알고 있습니다"
« Vous deux deviendrez des statues »
"너희 둘은 동상이 될 거야"
"mais vous garderez votre esprit"
"그러나 너희는 마음을 지키리라"
« Tu te tiendras aux portes du palais de ta sœur »
"너는 네 누이의 궁전 문 앞에 서라"
"Le bonheur de ta sœur sera ta punition"
"네 자매의 행복은 네 벌이 될 것이다"
« vous ne pourrez pas revenir à vos anciens états »
"너희는 다시는 너희의 옛 상태로 돌아갈 수 없을 것이다"

« à moins que vous n'admettiez tous les deux vos fautes »
"두 분 다 자신의 잘못을 인정하지 않는 한"
"mais je prévois que vous resterez toujours des statues"
"하지만 나는 당신이 영원히 동상으로 남을 것이라고 예상합니다"
« L'orgueil, la colère, la gourmandise et l'oisiveté sont parfois vaincus »
"자만심, 분노, 폭식, 게으름은 때때로 극복된다"
" mais la conversion des esprits envieux et malveillants sont des miracles "
" 그러나 시기하고 악의에 찬 마음을 회개시키는 것은 기적입니다"
immédiatement la fée donna un coup de baguette
요정은 즉시 지팡이로 쳐냈다.
et en un instant tous ceux qui étaient dans la salle furent transportés
그리고 순식간에 홀에 있던 모든 사람들이 옮겨졌습니다.
ils étaient entrés dans les domaines du prince
그들은 왕자의 영토로 들어갔다
les sujets du prince l'ont reçu avec joie
왕자의 신하들은 그를 기쁨으로 맞이했다
le prêtre a épousé Belle et la bête
신부는 미녀와 야수를 결혼시켰다
et il a vécu avec elle de nombreuses années
그리고 그는 그녀와 오랜 세월을 함께 살았습니다
et leur bonheur était complet
그리고 그들의 행복은 완전했다
parce que leur bonheur était fondé sur la vertu
그들의 행복은 덕에 기초했기 때문입니다.

La fin
끝

www.tranzlaty.com

www.ingramcontent.com/pod-product-compliance
Lightning Source LLC
Chambersburg PA
CBHW011552070526
44585CB00023B/2561